Réalisation et arrangements : Laurent Pradeau, Alain Schneider. Enregistrement et mixage : Interface.

Illustrations de :
Clémentine Collinet : p. 16-17, 28-29, 32-33, 40-41 ; Marianne Dupuy-Sauze : p. 14-15, 42-43, 48-49 ;
Catherine Ferrier : p. 36-37, 56-57 ; Sophie Ledesma : p. 18-19, 34-35, 46-47, 50-51, 54-55 ;
Marie Quentrec : couverture, pochette et CD, p. 8-9, 22-23, 24-25, 30-31, 52-53, 58-59 ;
Marie-José Sacré : p. 10-11, 26-27, 38-39, 60-61 ; Amélie Vidal : p. 12-13, 20-21, 44-45.

ISBN : 978-2-7459-5817-4
Dépôt légal : 1er trimestre 2013
Imprimé en Espagne par Egedsa

Comptines à chanter

VOLUME 2

Illustrations de :
Clémentine Collinet, Marianne Dupuy-Sauze, Catherine Ferrier,
Sophie Ledesma, Marie Quentrec, Marie-José Sacré, Amélie Vidal

MILAN

Sommaire

Savez-vous planter les choux ?

Savez-vous planter les choux
À la mode, à la mode,
Savez-vous planter les choux
À la mode de chez nous ?

On les plante avec le doigt
À la mode, à la mode,
On les plante avec le doigt
À la mode de chez nous.

On les plante avec le coude,
le pied, le genou, le nez, la tête...

fin
Sa - vez - vous plan - ter les choux À la mo - de, à la
mo - de, Sa - vez vous plan - ter les choux À la mo - de de chez nous ?

Un poisson au fond d'un étang

Un poisson au fond d'un étang
Qui faisait des bulles,
Qui faisait des bulles,
Un poisson au fond d'un étang
Qui faisait des bulles
Pour passer le temps.

Chipchipchip bidibidibidi !
Chipchipchip bidibidibidi !

Un oiseau vint près de l'étang
Regarder les bulles,
Regarder les bulles,
Un oiseau vint près de l'étang
Regarder les bulles,
Que c'est amusant !

Un pois-son au fond d'un é-tang Qui fai-sait des bul-les, Qui fai-sait des bul-les,
Un pois-son au fond d'un é-tang Qui fai-sait des bul - les Pour pas - ser le temps.
fin
Chip-chip-chip bi-di - bi - di - bi-di!
Chip-chip-chip bi-di - bi - di - bi-di!

Oh l'escargot !

Oh l'escargot, quelle drôle de petite bête,
C'est rigolo, ce qu'il a sur la tête.
Un chat (miaou) marchait (miaou)
Le long de la gouttière,
Le vent (foufou) soufflait (foufou)
Sur sa p'tite queue légère.
J'ai vu (t'as vu?), j'ai vu (t'as vu?)
Le p'tit trou d'son derrière.
J'ai vu (t'as vu?), j'ai vu (t'as vu?)
Le p'tit trou de son... Oh!

Oh l'es - car - got, quell' drôl' - de pe - tit' bê - te, C'est ri - go - lo, ce
qu'il a sur la tê - te. Un chat (miaou) mar - chait (miaou) Le long de la gout - tiè - re, Le
vent (foufou) souf-flait (foufou) sur sa p'tit' queue lé - gè-re. J'ai vu (t'as vu ?), j'ai vu (t'as vu ?) Le
p'tit trou d'son der - riè - re. J'ai vu (t'as vu ?), j'ai vu (t'as vu ?) Le p'tit trou de son... Oh !
fin

Dame Tartine

Il était une dame Tartine
Dans un beau palais de beurre frais.
La muraille était de praline,
Le parquet était de croquets,
La chambre à coucher
De crème de lait,
Le lit de biscuits,
Les rideaux d'anis.

Il é - tait une da - me Tar - ti - ne Dans un
beau pa - lais de beurr' frais. La mu - raille é - tait de pra-
li - ne, Le par - quet é - tait de cro - quets, La cham-bre à cou-
cher De crè - me de lait, Le lit de bis - cuits, Les ri-deaux d'a - nis.
fin

Trotte, petit cheval

Trotte, petit cheval rouge,
Pour aller jusqu'à Toulouse.
Trotte, petit cheval gris,
Pour aller jusqu'à Paris.
Trotte, petit cheval jaune,
Pour aller à Carcassonne.
Trotte, petit cheval blanc,
Pour aller à Montauban.

Trot - te, pe - tit che - val rouge, Pour al - ler jus - qu'à Tou - lou - se.
Trot - te, pe - tit che - val gris, Pour al - ler jus - qu'à Pa - ris.
Trot - te, pe - tit che - val jaune, Pour al - ler à Car - cas - son - ne.
fin
Trot - te, pe - tit che - val blanc, Pour al - ler à Mon - tau - ban.

Bateau sur l'eau

Bateau sur l'eau,
La rivière, la rivière,
Bateau sur l'eau,
La rivière au bord de l'eau.
Le bateau a chaviré,
Tous les enfants sont tombés
Dans l'eau !

Ba - teau sur l'eau, La ri - viè - re, la ri - viè - re, Ba - teau
sur l'eau, La ri - viè - re au bord de l'eau. Le ba-teau a cha - vi - ré,
fin
Tous les en - fants sont tom - bés Dans l'eau !

Passe, passera

Passe, passe, passera,
La dernière, la dernière,
Passe, passe, passera,
La dernière restera.

Qu'est-ce qu'elle a donc fait,
La p'tite hirondelle ?
Elle nous a volé
Trois p'tits grains de blé.
Nous l'attraperons,
La p'tite hirondelle,
Nous lui donnerons
Trois p'tits coups d'bâton.

Pass', pass', pas - se - ra, La der - niè - re, la der - niè - re,
Pass', pass', pas - se - ra, La der - niè - re res - te - ra. Qu'est-c'qu'elle
a donc fait, La p'tit' hi - ron - dell'? Ell' nous a vo -
lé trois p'tits grains de blé. Nous l'at - tra - pe - rons, La p'tit'
hi - ron - dell', Nous lui don - ne - rons trois p'tits coups d'bâ - ton.
fin

C'est la baleine

C'est la baleine
Qui tourne, qui vire
Comme un joli petit navire.
Prenez garde à la baleine,
Elle va vous manger le doigt !
Miam !

C'est la ba-lein' Qui tourn', qui vi-re Com-me un jo-li pe - tit na - vi - re.
fin
Pre-nez garde à la ba - lei - ne, El - le va vous man - ger le doigt ! Miam !

Dans la ferme à Mathurin

Dans la ferme à Mathurin, i a i a o,
Y a des centaines de moutons, i a i a o.
Y a des bê par-ci, y a des bê par-là,
Ici des bê, par là des bê,
Partout des bê, bê, bê, bê, bê.

Y a des centaines de canards... Y a des couac...
Y a des centaines de vaches... Y a des meuh...
Y a des centaines d'abeilles... Y a des bzzzit...

Dans la ferme à Mathurin, i a i a o,
Y a une tonne de dynamite, i a i a o.
Boum... Y a plus d'ferme à Mathurin, i a i a o.

Dans la ferm' à Ma-thu-rin, i a i a o, Y a des cen-taines
de mou-tons, i a i a o. Y a des bê par - ci, y a des
bê par-là, I - ci des bê, par là des bê, Par-tout des bê, bê, bê, bê, bê.
fin
Dans la ferme à Ma - thu - rin, i a i a o,

Il était un petit navire

Il était un petit navire,
Il était un petit navire
Qui n'avait ja-ja-jamais navigué,
Qui n'avait ja-ja-jamais navigué,
Ohé ohé !

Il partit pour un long voyage,
Il partit pour un long voyage
Sur la mer Mé-Mé-Méditerranée,
Sur la mer Mé-Mé-Méditerranée,
Ohé ohé !

Il é - tait un pe - tit na - vi - re, Il é - tait un pe - tit na-
vi - re Qui n'a-vait ja - ja - ja - mais na - vi - gué, Qui n'a - vait
fin
ja - ja - ja - mais na - vi - gué, O - hé o - hé!

La chèvre

Il était une chèvre
De fort tempérament
Qui revenait d'Espagne
Et parlait l'allemand,
Ballottant d'la queue
Et grignotant des dents,
Et ballottant d'la queue,
Et grignotant des dents.

Il é - tait u - ne chèvr' De fort tem - pé - ra - ment Qui re - ve - nait d'Es -
pagne Et par-lait l'al-le - mand, Bal-lot-tant d'la queue Et gri-gno-tant des
fin
dents, Et bal - lot-tant d'la queue, Et gri - gno - tant des dents.

Nous n'irons plus au bois

Nous n'irons plus au bois,
Les lauriers sont coupés.
La belle que voilà
Ira les ramasser.

Entrez dans la danse,
Voyez comme on danse,
Sautez, dansez,
Embrassez qui vous voudrez !

Nous n'i - rons plus au bois, Les lau - riers sont cou-
pés. La bel - le que voi - là I - ra les ra - mas-
ser. En-trez dans la dan - se, Voy-ez comme on dan - se, Sau-
fin
tez, dan - sez, Em - bras - sez qui vous vou - drez !

Un petit lapin

Un petit lapin
S'est sauvé dans le jardin.
« Cherchez-moi, coucou coucou,
Je suis caché sous un chou. »

Remuant son nez,
Il se moque du fermier.
« Cherchez-moi, coucou coucou,
Je suis caché sous un chou. »

Tirant ses moustaches,
Le fermier passe et repasse,
Mais il ne voit rien du tout.
Le lapin mangea le chou.

Un pe - tit la - pin S'est sau - vé dans le jar -
fin
din. « Cher-chez - moi, cou-cou cou - cou, Je suis ca - ché sous un chou. »

Frère Jacques

Frère Jacques, frère Jacques,
Dormez-vous ? Dormez-vous ?
Sonnez les matines, sonnez les matines,
Din ding dong, din ding dong.

Frè - re Jac - ques, frè - re Jac - ques, Dormez-vous ? Dormez-vous ?
fin
Son-nez les ma - ti - nes, son-nez les ma - ti - nes, Din ding dong, din ding dong.

Le rock'n'roll des gallinacés

Dans la basse-cour il y a
Des poules, des dindons, des oies,
Il y a même des canards
Qui barbotent dans la mare.

Refrain
Et ça fait cot cot cot codec !
Et ça fait cot cot cot codec !
Et ça fait cot cot cot codec !
Le rock'n'roll des gallinacés.

Dans la basse-cour il y a
Des pigeons, des canetons,
Il y a même des dindons
Qui se cachent dans les buissons.

Refrain

Dans la bass'-cour il y a Des poules, des din-dons, des oies,
Il y a mê-me des ca-nards Qui bar-bo-tent dans la mare. Et ça fait
cot cot cot co-dec! Et ça fait cot cot cot co-dec! Et ça fait
cot cot cot co-dec! Le rock'n'roll des gal-li-na-cés.
fin

Jean Petit qui danse

Jean Petit qui danse,
Jean Petit qui danse,
De son pied il danse,
De son pied il danse,
De son pied, pied, pied,
Ainsi danse Jean Petit.

Jean Petit qui danse,
Jean Petit qui danse,
De sa tête il danse,
De sa tête il danse,
De sa tête, tête, tête,
Ainsi danse Jean Petit.

Etc.

Jean Pe - tit qui dan - se, Jean Pe - tit qui dan ___ se, De son
pied il dan - se, De son pied il dan ___ se, De son
fin
pied, pied, pied, Ain-si dan-se Jean Pe - tit.

Un canard

Un canard disait à sa barbe :
« Ris, barbe, ris, barbe. »
Un canard disait à sa barbe :
« Ris, barbe. » Et la barbarie !

Car la cane disait à sa tarte :
« Ris, tarte, ris, tarte. »
Car la cane disait à sa tarte :
« Ris, tarte. » Et la Tartarie !

Le canard disait à sa cane :
« Ris, cane, ris, cane. »
Le canard disait à sa cane :
« Ris, cane. » Et la canari !

Un ca-nard di-sait à sa bar-be : « Ris, bar-be, ris, bar-be. » Un ca-
fin
nard di-sait à sa bar-be : « Ris, barbe. » Et la bar - ba - rie !

Vent frais

Vent frais,
Vent du matin,
Vent qui souffle
Au sommet des grands pins,
Joie du vent qui souffle,
Allons dans le grand
Vent frais, vent du matin…

Vent frais, Vent du ma - tin, Vent qui souffle Au som-met des grands pins,
fin
Joie du vent qui souffle, Al - lons dans le grand

Il était une bergère

Il était une bergère,
Et ron et ron, petit patapon,
Il était une bergère
Qui gardait ses moutons, ronron,
Qui gardait ses moutons.

Elle fit un fromage,
Et ron et ron, petit patapon,
Elle fit un fromage
Du lait de ses moutons, ronron,
Du lait de ses moutons.

Le chat qui la regarde,
Et ron et ron, petit patapon,
Le chat qui la regarde
D'un petit air fripon, ronron,
D'un petit air fripon.

Il é - tait un' ber - gè - re, Et ron et ron, pe - tit
pa - ta - pon, Il é - tait un' ber - gè - re qui gar - dait ses mou -
tons, ron - ron, Qui gar - dait ses mou - tons.
fin

La bonne aventure, ô gué

Je suis un petit poupon
De bonne figure
Qui aime bien les bonbons
Et les confitures.
Si vous voulez m'en donner,
Je saurai bien les manger.
La bonne aventure, ô gué,
La bonne aventure.

FITURE
Je suis un pe - tit pou - pon De bon - ne fi - gu___re
Qui ai - me bien les bon - bons Et les con - fi - tu___res.
Si vous vou-lez m'en don - ner, Je sau - rai bien les man - ger.
fin
La bon - ne a-ven - tu - re, ô gué, La bon - ne a-ven - tu ___re.

FITURE

Mon âne

Mon âne, mon âne
A bien mal à sa tête ;
Madame lui a fait faire
Un bonnet pour sa fête,
Un bonnet pour sa fête,
Et des souliers lilas, la la,
Et des souliers lilas.

Mon â - ne, mon â - ne A bien mal à sa tête; Ma-
da - me lui a fait fai - re Un bon - net pour sa fête, Un bon-net pour sa
tête, Et des sou-liers li - las, la la, Et des sou - liers li - las.
fin

Pique la baleine

Pour retrouver ma douce amie,
Oh, mes bouées !
Ouh la,
Ouh la la la !
Pique la baleine, joli baleinier,
Pique la baleine, je veux naviguer !

Pour re - trou - ver ma douce a - mie, Oh, mes bouées ! Ouh
la, Ouh la la la ! Pi-que la ba - lei - ne, jo - li ba - lei - nier,
Pi - que la ba - lei - ne, je veux na - vi - guer !
fin

Petite poule grise

L'était une p'tite poule grise
Qu'allait pondre dans l'église.
Pondait un p'tit coco
Pour l'enfant s'il dort bientôt.

L'était une p'tite poule noire
Qu'allait pondre dans l'armoire.
Pondait un p'tit coco
Pour l'enfant s'il dort bientôt.

L'était une p'tite poule blanche
Qu'allait pondre dans la grange.
Pondait un p'tit coco
Pour l'enfant s'il dort bientôt.

L'était une p'tite poule rousse
Qu'allait pondre dans la grange.
Pondait un p'tit coco
Pour l'enfant s'il dort bientôt.

Pour re - trou - ver ma douce a - mie, Oh, mes bouées ! Ouh
la, Ouh la la la ! Pi-que la ba - lei - ne, jo - li ba - lei - nier,
fin
Pi - que la ba - lei - ne, je veux na - vi - guer !

Petite poule grise

L'était une p'tite poule grise
Qu'allait pondre dans l'église.
Pondait un p'tit coco
Pour l'enfant s'il dort bientôt.

L'était une p'tite poule noire
Qu'allait pondre dans l'armoire.
Pondait un p'tit coco
Pour l'enfant s'il dort bientôt.

L'était une p'tite poule blanche
Qu'allait pondre dans la grange.
Pondait un p'tit coco
Pour l'enfant s'il dort bientôt.

L'était une p'tite poule rousse
Qu'allait pondre dans la grange.
Pondait un p'tit coco
Pour l'enfant s'il dort bientôt.

L'é - tait un' p'tit' poul' gris' Qu'a - llait pon - dre dans l'é -
fin
gli —— se. Pon - dait un p'tit co - co Pour l'en - fant s'il dort bien - tôt.

Il pleut, il pleut, bergère

Il pleut, il pleut, bergère,
Rentre tes blancs moutons.
Allons à la chaumière,
Bergère, vite, allons.

J'entends sous le feuillage
L'eau qui coule à grand bruit.
Voici venir l'orage,
Voici l'éclair qui luit.

Il pleut, il pleut, ber - gè - re, Ren - tre tes blancs mou - tons.
Al - lons à la chau - miè - re, Ber - gè - re, vite, al - lons.
J'en - tends sous le feuil - la - ge L'eau qui coule à grand bruit.
Voi - ci ve - nir l'o - ra - ge, Voi - ci l'é - clair qui luit.
fin

Un petit cochon

Un petit cochon
Pendu au plafond.
Tirez-lui le nez,
Il donnera du lait.
Tirez-lui la queue,
Il pondra des œufs.
Combien en voulez-vous ?

Un pe - tit co - chon Pen - du au pla - fond. Ti - rez - lui le
nez, Il don - n'ra du lait. Ti - rez - lui la queue,
fin
Il pon - dra des œufs. Com - bien en vou - lez - vous ?

Les petits poissons

Les petits poissons
Dans l'eau
Nagent, nagent, nagent, nagent, nagent.
Les petits poissons
Dans l'eau
Nagent aussi bien que les gros.
Les gros, les petits
Nagent bien aussi ;
Les petits, les gros
Nagent comme il faut.

Les pe-tits pois-sons Dans l'eau Na-gent, na-gent, na-gent, na-gent, na-gent.
Les pe-tits pois-sons Dans l'eau Na-gent aus-si bien que les gros.
fin
Les gros, les pe-tits Na-gent bien aus-si ; Les pe-tits, les gros Na-gent comme il faut.

Le trente et un du mois d'août

Le trente et un du mois d'août,
Nous vîmes venir sous le vent à nous
Une frégate d'Angleterre
Qui fendait l'air et puis les flots,
Voguant pour aller à Bordeaux.

Buvons un coup, buvons-en deux
À la santé des amoureux,
À la santé du roi de France.
Et m… pour le roi d'Angleterre,
Qui nous a déclaré la guerre !

Le tren-te et un du mois d'a - oût, Nous vîm's ve - nir sous l'vent à
nous U - ne fré - ga - te d'An - gle - ter - re Qui
fin
fen - dait l'air et puis les flots, Vo-quant pour al - ler à Bor - deaux.